AF668273

JINGS!

SCOTS HAIKU

BY

JOHN McDONALD

Copyright© 2025 JOHN McDONALD
ISBN: 978-93-6354-177-1

First Edition: 2025
Rs. 200/-

Cyberwit.net
HIG 45 Kaushambi Kunj, Kalindipuram
Allahabad - 211011 (U.P.) India
http://www.cyberwit.net
Tel: +(91) 9415091004
E-mail: info@cyberwit.net

No part of this book may be reproduced or transmitted in any form or by any means, electronic, mechanical, photocopying, or otherwise, without the express written consent of JOHN McDONALD.

Printed at Repro India Limited.

DEDICATED TO MY DEAR WIFE ANN,
OUR CHILDREN, AND THEIR FAMILIES.

his moothie
liggs in'ts box -
fir waant o braith

his harmonica
lies in its box -
for want of breath

#

grannie growes an crines,
growes an crines,
...babbie's new sweeng

grandmother grows and shrinks,
grows and shrinks,
...baby's new swing

#

abuin the nursery
craw hunkers -
bydin fir the nirls

above the nursery
crow sits -
waiting for the crumbs

#

the bodach
stops tae read the graffitti
...dernin's waant o a rist

the old man
stops to read the graffitti
...hiding his need of a rest

#

ilka day
tae the samen flooer -
is't the samen bummer?

every day
to the same flower -
is it the same bee?

#

maggie
taks aff frae the gairden
weirin a bussie mouser

magpie
takes off from the garden
wearing a bushy moustache

#

a jeelin wund an sin
fechtin it oot -
wunter juist wullnae gae doon

an icy wind and sun
fighting it out -
winter just won't go down

#

the luve
o the blin dug
caws me ower

the love
of the blind dog
knocks me over

#

efter his faw -
anither blae medal
on granfaither's chist

after his fall -
another blue medal
on grandfather's chest

#

sinblinks throuch the kirk winnock -
incense reek hurls thaim
aye upwith

sunbeams through the church window -
incense smoke rides them
ever upwards

#

happin the haugh
wull garlic
...voar confetti

covering the riverbank
wild garlic
...spring confetti

#

Mither Mary's stookie
bi the burd bath -
aw the burds boo doon

Mother Mary's statue
by the bird bath -
all the birds bow down

#

i the gairden
tentie o life streetchin
intae simmer claes

in the garden
watching life stretching
into summer clothes

#

the sin muives cannily
alang the wab-threid
...shoogly tichtrope

the sun moves carefully
along the web-thread
...shaky tightrope

#

aumond flourish
oosie cluds
aumond flourish...

almond blossom
fluffy clouds
almond blossom...

#

the rugby baw
plops intae the burn -
deuks wunner it the muckle egg

the rugby ball
plops into the stream -
ducks wonder at the huge egg

#

efter the drouth
flooers nod druckenly
as ah gae by

after the drought
flowers nod drunkenly
as I pass by

#

Guid Friday -
bygaun the steadin
...hemmert brods

Good Friday -
passing the building site
...hammered nails

#

auld pitheid fou'd in
a meedie nou - bummers
hing tapsalteerie, trauchlin

old pithead filled in
a meadow now - bees
hang upside down, grafting

#

the maukie
prees ma haun -
auld mait, he flees awa

the bluebottle
tastes my hand -
old meat, he flies away

#

Tour de France
stramash
...sinbrust o spokes

Tour de France
crash
...sunburst of spokes

#

aipple tree -
bummer a'ready
fundin douceness thair

apple tree -
bee already
finding sweetness there

#

bleezin sin
93 mullion mile awa -
pish-the-beds ruisin

blazing sun
93 million miles away -
dandelions praising

#

hameless
hapt in's ain airms
...loo'd in's dwam

homeless
wrapped in his own arms
...loved in his dream

#

nivver shair:
is't freest
or faw'n gean flourish?

never sure:
is it frost
or fallen cherry blossom?

#

pasturin agane -
the lown leid
o coo-bells

pasturing again -
the peaceful language
of cow-bells

#

nestin on ma lum
a maw
...fite as reek

nesting on my chimney
a gull
...white as smoke

#

the bodach -
his fite baird, his skatebrod
his smeddum!

the old man -
his white beard, his skateboard
his courage!

#

meyflees -
troot rejyce
an lowp throuch hoops

mayflies -
trout rejoice
and leap through hoops

#

ower an unner
wyven a'whaur -
crans' deidly net

over and under
weaving everywhere -
swifts' deadly net

#

tentie o'r taes
daffin amang thirsels
aw throuch Mass

watching her toes
playing amongst themselves
all through Mass

#

unner a crescent muin
croissants
fir twa

under a crescent moon
croissants
for two

#

modren jazz
on the piazza -
crans' pechilt flichts

modern jazz
on the piazza -
swifts' breathless flights

#

the clair licht
throuch stainit gless
...oor holographic lives

the clear light
through stained glass
...our holographic lives

#

still life -
roses hae taen ower
the cairver's yaird

still life -
roses have taken over
the sculptor's yard

#

mercat day -
the eydent eemigrant
in's borraed buits

market day -
the busy immigrant
in his borrowed boots

#

unner the auld tree
she dovers, waukens, dovers
...fawin chirries

under the old tree
she dozes, wakens, dozes
...falling cherries

#

the auld gairdner no weill -
gowans an yalla gowans
gaither on's green

the old gardener unwell -
daisies and buttercups
gather on his lawn

#

on the plaistanes
strawn fag-ens,
strawn brods

on the pavement
scattered cigarette-ends,
scattered nails

#

speengie roses
thair pom pom heids
...rah rah lassies

peonie roses
their pom pom heads
...cheerleaders

#

staunin gaird on yin leg
her sheddae haps'r chick -
mither maw

standing gaurd on one leg
her shadow blankets her chick -
mother gull

#

handicappit bairns' day oot
balloons a'whaur
...herts brustin

handicapped childrens' day out
balloons everywhere
...hearts bursting

#

wunter i the perk -
fir the hameless chiel
Reid Rab's breist bleezes

winter in the park -
for the homeless man
the robin's breast blazes

#

a bleckie draps by
his neb fou o wirms:
suin tae turn tae bleckies

a blackbird drops in
his beak full of worms:
soon to become blackbirds

#

frae yin warl tae anither
troot lowp
flees dee

from one world to another
trout leap
flies die

#

auld schuil photy
...pirls
on the burn

old school photograph
...ripples
on the stream

#

i the derk
a hauflin walks hame croonin
...a furst tryst?

in the dark
a young man walks home singing
...a first date?

#

the pilgrimers win in -
speir:
whit's the Wi-Fi nummer?

the pilgrims arrive -
ask:
what's the Wi-Fi code?

#

stag pairty -
Pinocchio's neb's
a'ready in's yill

stag party -
Pinocchio's nose is
already in his beer

#

the cloister gairden -
the tortie
prees's furst aipple

the cloister garden -
the tortoise
tastes his first apple

#

the fire-alairm
it the en
o the priest's homily

the fire-alarm
at the end
of the priest's homily

#

i the mornin sin
the tods cum
...oh tae see wull theengs daffin

in the morning sun
the foxes come
...oh to see wild things playing

#

the confessional
deep i the brae
...they cum oot intae the licht

the confessional
deep in the hillside
...they come out into the light

(Knock shrine)

#

in'r winnock
the crippilt wifie waffs -
maks ma day!

in her window
the handicapped lady waves -
makes my day!

#

treen
heeld an rax oot
...wund wrocht

trees
lean and reach out
...wind shaped

#

he fund his penny fussle -
anither hidie-hole
airtit oot!

he found his penny whistle -
another hiding place
discovered!

#

fedders flee up
frae the fox's bourie
...a maw chook whae nivver flew

feathers fly up
from the fox's den
...a gull chick who never flew

#

unner a leafy umberellae
a bleckie
croonin i the weet

under a leafy umbrella
a blackbird
singing in the rain

#

creepin jenny
apen mou'd -
cabbatch fites flee oot

bindweed
open mouthed -
cabbage whites fly out

#

frae a mait o nettles
whit a wunner:
paycock butterie

from a diet of nettles
what a wonder:
peacock butterfly

#

duntin nebs
bummer an me -
snowkin the buddleia

bumping noses
bee and I -
smelling the buddleia

#

bleckie
in an oot o the buss
...fume o jasmine

blackbird
in and out of the bush
...perfume of jasmine

#

tod doverin agane
mids his sipper
...chookie banes

fox asleep again
midst his supper
...chicken bones

#

efter the weet,
dreeps
...bedside monitor

after the rain,
drips
...bedside monitor

#

the pace :
hern's
meditation camp

the peace :
heron's
meditation retreat

#

wunnerfou burdsang -
file the kailwirm
plays the box

wonderful birdsong -
while the caterpillar
plays the accordian

#

fooneral Mass -
sumyin sumwhaur
sneddin girss

funeral Mass -
someone somewhere
cutting grass

#

hou tyme gaes by -
the thrissels
ur fite heidit

how time passes -
the thistles
are white headed

#

tree sneddin -
fundin a 'Pace hunt'
the bairns tynit - deleecious!

tree trimming -
finding an 'Easter hunt'
the children missed - delicious!

#

hunkert
on her ain wee warl
...butterie an aipple

sitting
on her own little world
...butterfly and apple

#

Gaza - whaur the warl
daffs it jack straes
wi bairns' banes

Gaza - where the world
plays jack straws
with childrens' bones

#

craw hunkers wi me -
ah fusper tae'm
times he nods

crow sits with me -
I whisper to him
sometimes he nods

#

this year
the flooers stound
fir a bummer's pree

this year
the flowers ache
for a bee's kiss

#

haitwave -
the bodach an the flooers
wultin

heatwave -
the old man and the flowers
wilting

#

unner the gizzent leaves
butterie hunkers
in a tuim burd bath

under the shrivelled leaves
butterfly sits
in an empty bird bath

#

rin-doon pairt o toon -
e'en the rodden berries
ur stoorie!

run-down part of town -
even the rowan berries
are dusty!

#

the cailleach
feart o'r neebours
...wesps' byke

the old woman
afraid of her neighbours
...wasps' byke

#

drouth -
deuks stummle
ower a clinty claddach

drought -
ducks stumble
over a rocky riverbed

#

troot lowp
cleekit
on an instinct

trout leap
hooked
on an instinct

#

craw aipples faw
rowe aw airts
...snookered fir jeely

crab apples fall
roll in all directions
...snookered for jelly

#

cailleach
it her winnock
smirkin it the weet

old lady
at her window
smiling at the rain

#

www.ingramcontent.com/pod-product-compliance
Ingram Content Group UK Ltd.
Pitfield, Milton Keynes, MK11 3LW, UK
UKHW041316190726
13845UKWH00025B/319

9 789363 541771